Paliqueando en el Terruño
Jayuya 1940-1950

José "Bertin" Rivera Colom

GRACIAS Y CRÉDITOS

Cordialmente quiero agradecer a **Sergio Tejedor** y **Samuel Suarez** por su tiempo y desempeño en ayudarme a recrear las memorias que dieron paso a este libro. También quiero agradecer al Profesor **Fernando Ortiz** y al Honorable **Frankie Torres Pagan** por su colaboración con los visuales.

Mas no me puedo olvidar del talentoso **Grisergio Rivera**, tienes un talento y un corazón invaluable. Te deseo lo mejor de los éxitos tu arte pondrá el nombre de Jayuya por todo lo alto.

Calle Guillermo Estevez

ISBN-13: 978-0- 692-94450- 9

Organizado por:
**Wilbert Meléndez-Peña,
José A Rivera-Colom y
Jose A Rivera Gonzales**

Diseño por:
**Wilbert Meléndez-Peña y
Jose A Rivera Gonzales**

Editado por:
**José A Rivera Colom,
Mónica Álvarez,
y Dr. Nitza I Álvarez**

Ilustraciones por:
Grisergio Rivera

Fotos:
**Municipio de Jayuya y
José A Rivera-Colom**

Production and Coordination:
RI-AL Consulting,
Jose A Rivera Gonzales

Facebook: fb.me/bertinjayuya
Email: josejayuya@aol.com

ÍNDICE

Sobre el Autor
José "Bertin" Rivera Colom

Nació el **17 de Abril del 1942** en Jayuya Puerto Rico. Hijo único del matrimonio de Lorenzo Rivera y Magda Colom Vicens. Se crio en dicho pueblo en la calle Canales y paso la mayor parte de su niñez en el barrio Cialito. Egresado del Recinto Universitario de Rio Piedras, BA Humanidades y administración comercial. Estudios profesionales en Quality Institue of New York. Tiene dos hijos, **Lybia M Rivera** y **Jose A Rivera**. Recide en la ciudad de Orlando, Florida donde continúa escribiendo y compartiendo sus memorias con sus dos nietos.

Bertin además de ser Veterano de las fuerzas armadas de los Estados Unidos, se destaco en su pueblo de Jayuya como:

-*Profesor de Historia*

-*Trabajo en QC para Baxter Travenol Laboratories y Johnson & Johnson McNeil Pharmacy*

-*Miembro de International Society of*
  Pharmaceutical Engineers

-*Presidente del Club de Leones*

-*Miembro del Comité Organizador*
  del Festival indígena

La corona de España le otorgo la ciudadanía de origen el 12 de Septiembre del 2013 por la línea materna de emigrantes Mallorquines, Españoles y Franceses.

Mapa #76

Bertin y Peteto Atienza

Reunión de Padres y Maestros, 6to Grado

PRÓLOGO

La Tierra, el Sol, la Luna están y estarán en un espacio consentido por un poder. Años han transcurrido existiendo una preocupación en mi interior, apoyada de experiencias pasadas, en tiempos de mi niñez y adolescencia. Mis experiencias no están separadas en un lugar para desaparecer. La existencia de un futuro sin ser enmendado por un pasado la a calado profundamente en recordar los tiempos más significativos en el desarrollo y disfrute de una vida sana. Embarcar en recuerdos deseosos de compartirlos con mi generación y las venideras. He dedicado tiempo en recordar el terruño que me adopto en sus entrañas reflejados en mi progenitora y el contraste con el hoy.

Calle Guillermo Estevez y
Avenida Matei

Han pasado muchas primaveras y los cambios continúan. Estos cambios en el nombre del progreso y comodidad han ocultado un pasado que es y será parte de nuestra realidad. Comparto mis historias e ilustraciones con ustedes para que puedan visualizar como se vivía en los años 1940 al 1950 en un pueblo llamado Jayuya en el corazón de Puerto Rico. Nosotros tenemos un bello pasado del cual tenemos la responsabilidad de no olvidar y pasar nuestras experiencias a futuras generaciones nacidas en y fuera de Puerto Rico.

Con humildad les doy las gracias por sacar de su tiempo y leer las historias de un viejo Paliqueando en el Terruño.

DÉCADAS 1940-1950

Resumen de los sucesos acontecidos en Jayuya en las décadas de 1940-1950

La generación de los años 40 y 50 en mi pueblo natal de Jayuya resultó en la formación óptima de algunos y la perdición de otros. La música de Felipe Rodríguez y las velloneras dominaron el panorama de esta época. La televisión comenzó su auge en 1954. Los movimientos cooperativos se desarrollan a través de toda la isla y en la escuela superior desarrollaron con éxito El Cofrecito de oro y La cooperativa de ahorro. Los bailes en el club de leones eran exitosos en el antiguo local de la calle Guillermo Esteves. Las fiestas patronales se esperaban con gran emoción siendo organizada la actividad en la plaza pública, dándole verdadero calor pueblerino. El coste de un litro de Don Q era $1.50, whisky $3.99, queso de bola $2.89 por 3 1/2 libra. El pasaje de Jayuya a San Juan en guagua pública era $1.50. El sueldo de un chofer de la línea de Lorenzo Rivera era $35 semanales y la flota contaba con 11 vehículos. La constitución del Estado Libre Asociado de Puerto Rico hace su entrada mayoritariamente consentida. Comenzó la facilidad de los laboratorios Baxter. Miembros de la tropa de escuchas representaron a Puerto Rico en el National Jamboree en Pensilvania en 1954.

El pan era celosamente horneado en la panadería de Emiliano Rodríguez siendo confeccionado con leña y una hoja de guineos. El teatro Dávila frente a la plaza de recreo en sus mejores tiempos presentaba Los diez mandamientos como se ocuparon todos los asientos, se permitió ver la película en el gallinero (segundo nivel) al coste de diez y quince centavos. Fue el final de los cuentos de camino, los azoros, los ahorcados y los entierros. Terminaron el tramo de la carretera entre barrio Mameyes y la Florida,

el de Coabey con Toro negro y se extienden rutas locales: barrio Zamas, barrio Hoyos al lago Caonillas y Coabey a Salientito. El ciclón Santa Clara dejó muchos desamparados y hoy tenemos un poblado que lleva su nombre. El primer automóvil Peugeot lo tuvo José (Pepito) Bibiloni en su ingreso a la escuela superior. Lino Crespi adquirió una propiedad agrícola, la hacienda Tallaboa en el barrio Río Grande.

El primer solar de carros, hoy plaza del mercado no logró vender con éxito las unidades Land Rover de fabricación inglesa y el propietario determinó finalizar con la empresa. En las tierras del Coabey los productores de tomate experimentan mermas en la producción y el mercado. Jayuya se distinguía como el pueblo del tomate en todos los contornos de la isla. Veteranos de la Segunda Guerra Mundial y el conflicto de Corea lograron obtener títulos de cuarto año y niveles universitarios. El nivel académico de nuestros profesores eran dos años de universidad, lo difícil de reclutar profesionales provocó el éxodo de estudiantes a pueblos aledaños y la zona metropolitana. La caña de azúcar se retira finalmente de la central Santa Bárbara de los

Ortiz Toro, en la salida hacia la ciudad de Ponce se yergue el último recuerdo de la molienda: la chimenea. Palomilla, prófugo de la Justicia recibió el perdón. Los terrenos de la antigua Central Santa Bárbara se entregaron en parcelas.

Las nuevas infraestructuras y alcantarillados dejan sin sustento a los Morrocollos. El auge de la economía y la presencia de las farmacéuticas facilitó la adquisición de automóviles. La faena del herrero desaparece en el centro urbano. La actividad frecuente del amolador de cuchillos se minimiza por nuevos equipos que no requieren este servicio. El circo de los hermanos Marco hace su última presentación en la década de los 50. Las lavanderas desaparecen paulatinamente con los nuevos equipos electrodomésticos, las lavadoras de ropa. El coste mínimo de ropa de mujer opaca la actividad del quincallero. La llegada de camiones más prácticos limita la actividad y el uso de carros de madera. Leyes y reglamentos limitan la producción de pitorro isleño y local. A mediados de los años 40 pavimentan la calle Canales. La planta de luz al final de la calle Canales entrada a sector hoyo frío se re localiza en el sector Santa Clara.

Escudo y Bandera

El patrimonio cultural histórico y social
de un pueblo, sin sus símbolos heráldicos,
no constituye su realidad y existencia.
Jayuya desde su fundación- adoleció huérfano
sin reconocimiento. Bajo la iniciativa de
distinguidos compueblanos, comenzó la
gestión de diseñar un escudo y componer
un himno.

El señor Lolo Castro alcalde, Nelson Rafael
Collazo, la honorable superintendente de escuelas
Aurea Pierluisi de Rodríguez y los presentes,
apadrinaron el evento. En la sede del
Departamento local de Instrucción pública
se agruparon personas interesadas en diseñar
y darle toque final a la criatura en gestación.
Testifico y soy parte de este evento -desde las
gradas- mientras realicé trabajo de maestro
itinerante y supervisor de salud.

Pude estar presente durante la
ceremonia bautismal, contemplé emocionado
el escudo -el patronímico- y la bandera
-el matronímico-. Desde lo alto del mástil
la bandera se zarandea resguardando
el honor y dignidad del pueblo jayuyano.

1. Estacion de Gasolina
2. Teatro Dávila
3. Ebanisteria de Paz
   (se quemó en 1946)
4. La Corte antes de 1950
5. Alcaldia antes de 1950
6. Plaza Publica
7. Iglesia Católica
8. Escuela Intermedia y Superior
9. Parque de Pelota después del 1948
10. Terreno de la Familia Ortiz Torro
11. Tienda Doña Ana Segui
12. Tienda Rivera antes de 1960
13. Farmacia Guillermo Hernández
14. Correo
15. Carcel hasta 1950
16. Planta de Luz hasta 1948
17. Escuela Catalina Figueroa
18. Escuela Antonio R. Barceló
19. Escuela Luis Muñoz Rivera
20. Oficina Línea
de Jayuya a San Juan
21. Iglesia Metodista
22. Hospital
23. Familia Atienza
24. Familia Ortiz Arbona
25. Familia Suarez Marchand
26. Familia Rivera. Colom
27. Tienda La Favorita
28. Almacenes de Jesús Rivera
29. Cooperativa de Ahorro y Crédito
30. Familia Medina Borges
31. Alcaldia después de 1950
32. Parque de Bombas
33. Carcel después de 1950
34. Carcel de Animales
35. Vertedero hasta 1955
36. Don Pedro el Herrero
37. Garage de E. Vicens
38. Almacen Don E. Vicens
39. Antigua residencia de
   los Estarella hasta 1955
40. Panaderia
41. Gasolinera ESSO
42. Panaderia Artemio Rivera
   hasta 1955
43. Familia Rivera Torro
   antes de 1955
44. Familia León León antes de 1955
45. Ruinas Colegio Camaron
   antes del 1955
46. Circo Infantil antes de 1953
47. Despedida de Duelos

48. Recidencia Vicente
   Leonardes 1953
49. Recidencia Velez Coello
50. Familia Colom Vicens
   antes del 1940
51. Zapateria Angelito Silva
   antes del 1943
52. Recidencia Collazo Rivera
53. Logia Masónica
54. Barberia Collazo
55. Colmado Rupendo antes del 1955
56. Relojeria Andrecito
   antes del 1950
57. Plaza Praco antes del 1950
58. Oficina de Servicios Sociales
antes del 1950
59. Farmacia Padua antes 1958
60. Ferreteria Luis Rivera
   antes de 1952
61. Ferreteria Viñas antes 1960
62. Familia Masini Torres
63. Colmado y Barra de Rivera
64. Familia Coretjer Colom
65. Familia Grau Torres
66. Terrenos Familia Ortiz Torro
67. Parque de pelotas hasta 1948
68. Jayuya Supermarket de Osvaldo
Rivera hasta 1950
69. Primera Escuela Superior
70. Recidencia Manuel Diverce
71. Recidencia Tejedor León
72. Cementerio
73. Telefono Publico
74. Casa Parroquial
75. Fonda Centeno
76. Comienza la Calle
   Guillermo Estevez
77. Familia Gabriel Ortiz-Torro
78. Familia Ortiz Atienza
79. Familia Garibaldi
80. Familia Jesus Marin Torro
81. Familia Tejedor Leon
82. Familia Ortiz Matei
83. Propiedad Agricola Tito Perez
84. Santa Clara después del 1956
85. Baqueria Ortiz Torro
   antes del 1950
86. Planta Eléctrica después de 1950
87. Toma de Agua antes de 1955
88. Familia Castañer Frau
89. Acueducto antes del 1950
90. Acueducto de Jayuya Abajo
   antes del 1950

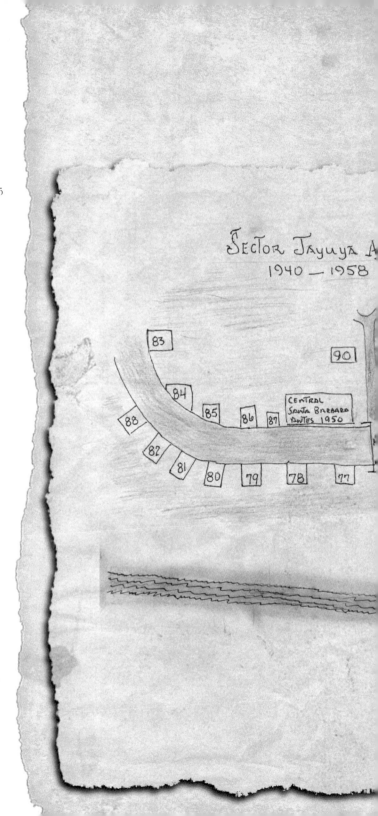

Sector Jayuya A
1940 — 1958

Central Santa Barbara antes 1950

Mapa Jayuya 1940-1960

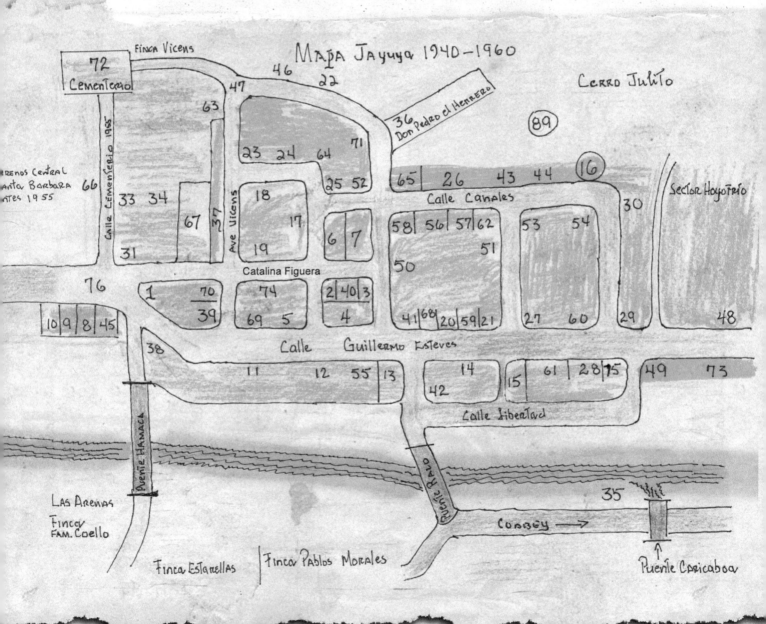

Mapa Jayuya 1940-1960

Finca Vicens

72 Cementerio

46 22 47 63

36 Don Pedro el Herrero

Cerro Julito

89

Calle Cementerio 1955

Terrenos Central Santa Barbara antes 1955 66

33 34 67 37 31

76

Ave Vicens

23 24 64 71

25 52

65 26 43 44 16

Calle Canales

Sector Hoyofrío 30

18 17 19

6 7

Catalina Figuera

58 56 57 62 53 54

50 51

1 70 39 74 69 5 2 40 3 4

41 68 20 59 21 27 60 29 48

10 9 8 45

38

Calle Guillermo Esteves

11 12 55 13 14 42 15 61 28 15 49 73

Calle Libertad

Puente Hamaca

Puente Ralo

35

Corbey →

Puente Caricaboa

Las Arenas
Finca Fam. Coello

Finca Estarellas | Finca Pablos Morales

Los Morrocollos

A comienzos de 1940, en plena Segunda Guerra Mundial, el pueblo de Jayuya luego de veintiocho años de su independencia del municipio de Utuado, comenzó a sufrir algunos cambios en su infraestructura, incluyendo los servicios sanitarios. Anteriormente la mayoria de los hogares no contaba con servicios sanitarios integrados, se utilizaban en su lugar las letrinas, situadas en algún lugar de los patios aledaños. Los ciudadanos más opulentos poseían en su estructura un pozo séptico para recolectar las heces. De tiempo en tiempo se requería desocupar este espacio. Esta labor era realizada por un grupo de varones a los que se les convocaba con el apelativo de "morrocollos".

Los morrocollos comenzaban su actividad a las 10:00 de la noche pues era una labor nocturna. Estos caballeros se insertaban en los pozos sépticos y comenzaban a sacar excrementos en latas o en latones. Los latones tenían una capacidad de hasta cinco galones. Realizaban un promedio de diez viajes al río, siendo el último viaje a las 6:00am. El problema era que con la prisa de estos viajes, los excrementos salpicaban por la calle y si al siguiente día había un sol candente, la pestilencia no se podía soportar.

Imagínese a las 6:00 de la mañana la última tanda, un carretón de madera tirado con gran afán en dirección al lecho fluvial del Río Grande y el Coabey. Transportaba unos latones repletos de heces que se vertían indiscriminadamente en los cuerpos de agua.

El progreso olvidó la tarea de los morrocollos,
forjadores simbólicos de nuestro urbanismo.

EL ACUEDUCTO

El acueducto -del latin aqueducts- es un sistema que transporta el agua en forma de flujo. Era utilizado en la antigüedad, antes que los romanos, en la Mesopotamia y el Imperio Persa, quienes mantenían sus jardines y ciudades utilizando este sistema de riego. En los barrios de Jayuya Arriba y Jayuya Abajo, antes de su independencia del municipio de Utuado existían suplidos de agua muy rudimentarios. Los habitantes, bajo su inventiva, lograban crear las facilidades para proveerse del vital líquido aprovechando los manantiales a orillas de la carretera.

La fuente más atractiva y preferida era Puente Negro en el barrio Río Grande. Su cauce era caudaloso contrastando con el pequeño hilo de agua que es actualmente.

Transcurriendo los años de 1911 y 1912 finalizando la independencia de los Barrios Jayuya Arriba y Jayuya Abajo del pueblo de Utuado, se constituye la municipalidad de Jayuya y comienza la preocupación de los administradores municipales por mantener un suplido de agua a la altura y crecimiento de la localidad.

Hasta mediados de 1940 se utilizaron estructuras de cemento de depósito de agua. Aledaño al Cementerio Municipal, en los terrenos de la actual urbanización Alturas de Jayuya, en Cerro Julito (Ver mapa no. 89) se construyó un tanque que colectaba el agua del manantial la Guazabára. Este utilizaba la gravedad- por lo alto del Cerro Julito- para suplir de agua a la comunidad. El lugar se encontraba lejos del pueblo y no contaba con una supervisión diaria. Esto dio paso a que transeúntes furtivos aprovecharan la ocasión de darse un chapuzón, disfrutando del lugar y emulando eventos de competencias acuáticas. En las tomas de agua los parroquianos se aglomeraban con sus latones esperando su turno, el cual solo se les cedía a las damas jóvenes que se asomaban por allí en busca de agua. En tiempos tormentosos y torrenciales llegaba el agua turbia a las casas, siendo hervida en algunos lugares para su consumo. Muchas de las complicaciones estomacales reflejadas en la época eran producto de no tomar los controles necesarios.

Un acontecimiento motivó reforzar la seguridad en el acueducto. Mano Cunda en su noticiario matinal anunció el encuentro de una persona ahogada en las facilidades del mismo, creando pánico entre los consumidores quienes reclamaban la acción de las autoridades pertinentes. A mediados de la década del 1950 en los terrenos del actual complejo deportivo. Se construye el primer sistema de suplido utilizando los avances y tecnología del momento. A finales de la década de 1950 se relocaliza en terrenos frente a la urbanización Santa Clara. En la actualidad, Jayuya cuenta con un complejo más sofisticado.

Tío Pendo

A mediados de la década del 1950 la tecnología publicitaria empleada particularmente en los rótulos, era basada en letras y en pocos casos, imágenes. En numerosas ocasiones este trabajo era realizado por el propietario del local que buscaba anunciarse, siendo por ende, un arte rústico y con un lenguaje lesionado. Aquellos que carecían del don artístico preferían contratar los servicios del más apto, el más solicitado en estos menesteres: el tío Pendo. Su tez asemejaba el color del trigo, era de mediana estatura, arropado de un peso quijotesco. Durante el contrato se mostraba obstinado y testarudo dentro un marco muy coloquial. Los signos gráficos utilizados simulaban el gótico simple y los caligráficos y cursivos eran de su inspiració y estilo. Podía apreciarse su estilo único y característico en letreros colocados sobre locales de negocios y paredes. Algunos incluso viajaban toda la isla, como los ubicados en el cristal trasero de los automóviles públicos que avisaban su destino de regreso al poblado de Jayuya. Viene a mi memoria el recuerdo de algunos de ellos: "Línea Collazo de Jayuya a Ponce", "Línea Rivera de Jayuya a San Juan" y varios comercios como "La hormiguita", "Magda's Beauty Salon", "El Corona", "Chuitos Place" y el prohibitivo "No pase".

Su obra y su arte pasaron al olvido, pues no hay prueba que evidencie su aportación a la publicidad en tiempos pasados. Rembrandt y Vicente Van Gogh dejaron este mundo producto de sus grandes crisis económicas, más su legado los reivindicó. El nuestro está en el recuerdo de aquellos que lo observaron en una escalera, dando una pincelada cargada de una expresión coloquial y amena característica de su personalidad, acompañada de su frase:

¡Me falta un trago!

No recuerdo, ni tengo el conocimiento del nombre de pila de uno de los personaje de nuestro urbanismo, conocido por Rey de España. De estatura promedio, postura inclinada al caminar, manos curtidas, sombrero deforme y zapatos rústicos. Sus canas denotaban una edad avanzada. Realizaba labores de fontanero o plomería, muy útil en los tiempos anteriores a los años de 1970. Propietarios de viviendas rentables lo contrataban por un año en mantenimiento y arreglo de cañerías. La cantidad monetaria ofrecida, favorecía al arrendador y no al servidor que enderezaba entuertos en el suplido del agua.

Al finalizar su ardua labor frecuentaba los lugares de la vida alegre. Ingería el rico etílico de su marca preferida - Palo Viejo- despejando su mente del agobio producido en sus responsabilidades diarias. Si algún parroquiano comentaba sobre un estatus político en particular, prontamente intervenía olvidando el cansancio y defendiendo su patriotismo. Su inclinación a la soberanía y su elocuente defensa, le mereció el respeto de sus adversarios. Se le llamó Rey de España por su firme postura en defensa de sus ideales a pesar de su estrata social, sus limitaciones y la tensión política de la época. Los requerimientos de colegiar la profesión de la plomería frustraron el trabajo de esta figura. Ignorado dejó nostalgia en el suplido de agua.

REY DE ESPAÑA

Día del Árbol

Datos del Departamento de Agricultura revelan el Primer acontecimiento en Puerto Rico de la celebración del Día del Árbol en 1897-1903

Consta un recordatorio de una siembra de plántulas en la plaza pública de Jayuya en 1948. Estudiantes del primer grado de la Escuela Antonio R. Barceló, Samuel Suárez Marchand, Sergio Tejedor León y José A. Rivera Colom (Bertin), bajo la supervisión del Ingeniero Samuel Suárez, realizaron el plantío de árboles de la especie Laurel de la India.

El humor parroquiano les llamó al Laurel, los piojosos por su similitud con el animalillo propio de la "pediculosis". Estos se protegían entre las hojas y solían morar en el cabello y vestimenta de los transeúntes durante sus paseos vespertinos. Su crecimiento fue testigo de los alumnos de la escuela elemental urbana, hoy un centro universitario. Nos divertíamos bajo sus frondosas copas, protegidos del candente sol.

Un lamentable fenómeno atmosférico marchitó el orgullo de los infantes padrinos de la arboleda, símbolo de la majestuosidad, entretenimiento y cobijo de los parroquianos que disfrutaban sentados en los bancos de la plaza. La tormenta Santa Clara -con gran furia- azotó en 1956 los laureles. Perdieron su postura. Lánguidos en el suelo terminaron víctimas de los depredadores. Los despedazaron canteándolos en troncos. Su destino...el despacho de escombros.

¡Un infortunio a la tierna edad de 8 años! Infortunio que nos dejó huérfanos de sombra, de cobijo. El cemento cubrió sus recuerdos. Jamás germinó una planta de tallo leñoso en la plaza pública del poblado.

¡Los tres amigos hemos compartido la proeza estudiantil del año 1948!

Año
2014
tenemos
72
Años

Datos del Departamento de Agricultura revelan el Primer Acontecimiento en Puerto Rico de la celebración del Día del Arbol en 1897-1903

Consta un recordatorio de una siembra de Plantulas en la plaza pública de Jayuya en 1948. Estudiantes del primer grado de la Escuela Antonio R. Barceló, Samuel Suárez Marchand, Sergio Tejedor León y José A. Rivera Colom (Bertin), bajo la supervisión del Ingeniero Samuel Suárez, realizaron el plantío de árboles de la especie Laurel de la India.

El humor parroqiano les llamó al Laurel, los piojosos por su similitud con el animalillo propio de la "pediculosis." Estos se protegían entre las hojas y solían morar en el cabello y vestimenta de los transeúntes durante sus paseos vespertimos. Su crecimiento fue testigo de los alumnos de la escuela elemental urbana, hoy un centro universitario. Nos divertíamos bajo sus frondosas copas, protegidos del candente sol.

Un lamentable fenómeno atmosférico marchitó el orgullo de los infates padrinos de la arboleda, símbolo de la majestuosidad, entretenimiento y cobijo de los parroquianos que disfrutaban sentados en los bancos de la plaza. La tormenta Santa Clara -con gran furia- azotó en 1956 los laureles. Perdieron su postura. Lánguidos en el suelo terminaron víctimas de los depredadores. Los despedazaron canteándoles en troncos. Su destino... el despacho de escombros.

¡Un infortunio a la tierna edad de 8 años! Un ifortunio que nos dejó huérfanos de sombra, de cobijo. El cemento cubrió sus recuerdos. Jamás germinó una planta de tallo leñoso en la plaza pública del plobado.

¡Los tres amigos hemos compartido la poeza estudiantíl del año 1948!

Es un diminutivo de convento. Se denominaba de esta manera a un tipo de vivienda colectiva en algunos países de Suramérica como Argentina, Uruguay, Chile y Bolivia. Es un lugar con un solo cuarto que se alquilaba a familias siendo el comedor y el baño de uso común entre los moradores. Este tipo de vivienda fue el primer hogar para muchos inmigrantes. En Puerto Rico, hasta mediados de la década de los cincuentas se les llamó cuarteles. A diferencia de los anteriores, estos se localizaban en las haciendas cafetaleras. Existieron en la hacienda de los Márquez, Los Bibilonis en Mameyes, los Ferrer Antich en Cialitos Altura y los Colom Vicéns en la colindancia de los pueblos de Jayuya y Ciales. En estas estructuras se alojaban los obreros que realizaban las faenas y daban mantenimiento a la tierra.

Las estructuras de los cuarteles en las propiedades agrícolas en la zona central de la isla consistían de un patio del cual se levantaba una fila de habitaciones, una puerta principal y una ventana. Allí la familia debía ingeniárselas para confeccionar el alimento diario. En este tipo de vivienda era muy común el contagio de enfermedades, en los infantes por ejemplo podía apreciarse el vientre inflado producto de las lombrices. En los censos de 1920 y 1930 esta población se identificaba como agregados o pensionados.

A partir del 1950 se les llamó obreros o agregados de las propiedades agrícolas bajo los programas de la PRERA y la PRRA. Bajo estos programas las familias fueron relocalizadas en viviendas más seguras, surgió el fenómeno de las parcelas donde logran adquirir un predio de terreno a un precio asequible. Esto se logró con una mínima población, ya que el resto se mantuvo aledaño a las propiedades agrícolas o viviendo en sus límites, en hogares individuales lejos de lo que el campesinado le llamo los cuarteles. El agua la suplían los riachuelos u ojos de agua, de aquí que estas estructuras se construyeran cerca de estas facilidades.

LOS CONVENTILLOS

GR:sergio.R
2017

Las Campanas de mi Pueblo

Las campanas son un instrumento de percusión que al ser golpeadas resuenan acústicamente. Históricamente están relacionadas a eventos religiosos y seculares. En algunas circustancias se utilizan para conmemorar eventos importantes o relacionados a conceptos de paz y libertad. En mi pueblo natal están íntimamente atadas a festejos religiosos. Este idiófono comenzaba a repicar a las 6:00am convocando a las personas a los servicios religiosos. En mis tiempos, las campanas no se repicaban durante Semana Santa pues se entendía que era lá forma de no ofender al crucificado. El sonido, el tintineo y la sonata que estos dispositivos emitían eran reemplazados, en días de guardar, por un artefacto parecido al baúl de la abuela.

El mueble en forma de caja guardaba en su interior un diseño que al ser activado por una manivela emitía un leve sonido similar al repicar del campanario. Se escuchaba una propagación de ondas, *tra-tra-ru-ru*, remplazando la máxima autoridad de convocatoria: el campanario. En el coloquio diario fue confuso para mi interpretar el significado cuando repican las campanas y cuando doblan por algun evento significativo. No fue hasta el año de 1960 en el mes de mayo cuando un campanario comenzó su debut temprano en la mañana, un repicar melodioso anunciando los servicios religiosos y en la tarde doblaron las campanas que entonces entendí el significado del uno y del otro. Junto a mis familiares cargábamos el féretro de mi abuela materna, camino al campo santo.

El tiempo ha dictado otras directrices. De adulto y abuelo, un día extasiado en el balcón de la casa de mi niñez, muy temprano al despuntar el dia, escuché el campanario muy confuso, no entendía su mensaje. ¿Repicaba o doblaba? Es lamentable que se perdiera el fervor de los parroquianos y la seriedad al interpretar el mensaje.

Los Quincalleros

Los quincalleros se identifican en la venta de quincalla u objetos de poco valor. Pertenecen a un grupo social de España, a los nómadas gitanos que solían pasar por los pueblos arreglando las ollas u otros utensilios de metal. A diferencia del quincallero tradicional, el de mi pueblo ofrecía textiles. De tez canela, estatura promedio y cuerpo delgado, visitaba los hogares ofreciendo cortes de tela formados de dos a tres yardas. Las costureras y hogareñas lo esperaban pues adquirían la mercancía a un costo justo a la economía de la época.

Amistades de mi progenitora le recomendaron adquirir piezas de gran colorido pues los estampados múltiples y cromáticos estaban de moda. De adquirir un patrón de camisas mi madre podría coser una indumentaria a sus familiares. Finalmente, logró confeccionar una camisa con una gran gama de colores a la altura de las marcas más codiciadas. De la emoción emprendí camino a la Plaza Pública de recreo a lucir mi nueva adquisición. Un fatal encuentro nubló mi orgullo. Damas, en un exhibicionismo, circulaban luciendo sus estampados de la misma quincalla. Molesto regresé a mi hogar dejando la prenda en el olvido. Mi madre, muy preocupada me preguntó si no era de mi agrado, a lo que repliqué: "En la plaza hasta por el suelo ruedan los embelecos de las entrometidas y el quincallero".

¡Y colorín colorado esta camisa se ha consumado!

LAS MUDANZAS

Hasta finales de 1949 en mi pueblo natal, Jayuya, se utilizaban carros de madera no motorizados para el acarreo de propiedades muebles. Los contratos los realizaban familias de recursos limitados. El propietario de las unidades - Henrique Arroyo- poseía dos plataformas con la capacidad de mover un chifforobe, mesa de comedor, cama desmontada y una mecedora. Era él quien se encargaba de tirar del vehículo el cual tenía una estructura semejante a las antiguas plataformas de ferrocarril. Pueblo arriba, pueblo abajo y áreas aledañas se realizaban los traslados del mobiliario. En ocasiones se requería asistencia para empujar el armatoste. Los chavales de la calle Nemesio R. Canales, muy dispuestos, se ofrecían para ayudar a cambio de un paseo en el coche. Era muy divertido, y lo testifico porque frecuentemente disfruté de estas travesuras.

Aún para el año 2013 existía un solar yermo en la calle Canales al otro extremo de la Gran Logia Masónica que coincidía con la familia Grau. Anteriormente allí se localizaba una estructura de madera que en los bajos facilitaba el acomodo y estacionamiento de la empresa de acarreo. En su tiempo - sin modernismo- sirvió de forma práctica al jayuyano promedio. Con los años este sistema de mudanza ha evolucionado ofreciendo servicios de traslado incluso fuera de Puerto Rico. Ejemplo de ello es la compañía Rosa del Monte, de propietarios jayuyanos.

Calle Guillermo Estevez y Avenida Matei

LA ANTIGUA CÁRCEL

En la década de 1940 la cárcel municipal estaba ubicada entre la calle Guillermo Esteves y la calle Libertad (conocida por calle de abajo ver mapa no. 15). La estructura consistía en unos troncos leñosos sosteniendo unas mallas de alambre ciclónico en el frente, la parte trasera de tela de gallina o alambre dulce y un techo de zinc acanalado deteriorado por el tiempo. El sistema sanitario era un hoyo destinado a los depósitos de las heces. Es ciudadano que violaba las leyes estatales o municipales era ingresado en la parte protegida por malla ciclónica de mayor seguridad.

Los observadores de esta estructura de poca protección y seguridad realizaban comentarios algunos de naturaleza humorística otros de forma peyorativa. Señalan que los bebedores consuetudinarios levantaban la malla de tela de gallina ingresando por su propia iniciativa a la parte trasera de la cárcel y ahí pasar por los efectos del alcohol. En la mañana el alcaide de cárcel realiza un conteo de los ingresados determinando la cantidad del desayuno del día. Estos infiltrados, sin ser detenidos por la autoridad, comparten el desayuno con el resto de los confinados. Luego levantan la malla de tela de gallina saliendo por su propia libertad. Algunos de ellos eran trabajadores se dedicaban a trabajos de construcción, realizar cambio de gomas en las gasolineras, o mantenimiento de patios. La cárcel en la década de los 50 se relocalizó en terrenos aledaños a la alcaldía.

Calle Guillermo Estevez

Calle Canales

Mapa #15

Bloques de Cemento

Anterior a la década de 1950, las familias de escasos recursos optaban por construir sus hogares en madera por lo accesible del producto, mientras el cemento era empleado mayormente por personas con mayor poder adquisitivo.

Sin embargo varias construcciones en madera emplearon bloques ya fuera para construir verjas, algunos servicios sanitarios, paredes de una altura de cinco pies y sobre esto se le daba una terminación en madera. La primera elaboración de bloques de cemento se ubicó en el Barrio Río Grande en un área aledaña al Puente Negro en 1945. El molde formado por dos cavidades permitía procesar dos bloques en veinticuatro horas. Lo limitado de la confección determinó lo poco rentable de la pequeña empresa, los socios en esta aventura, el Sr. Lorenzo Rivera y Sr. Rodríguez determinaron finalizar las operaciones en 1947.

En la década del 1960 se ubicó una planta de bloques de cemento en el barrio Gripiñas, propiedad de la ferretería Rivera. Su capacidad permitió suplir muchas de las construcciones de la época, incluyendo la urbanización Vega Linda y La Monserrate. Años más tarde las plantas de mayor capacidad y tecnología absorbieron aquellas de menor capacidad.

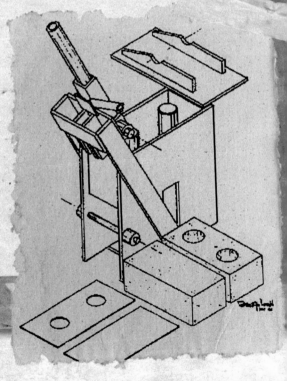

¡Si haces un hueco rectangular y echas cemento te sale un bloque!

Primera Señal: El Indio

El cine y la radio se inauguran en la década de 1910 y 1920. La televisión en Puerto Rico hace su entrada en 1954, sin embargo eran pocas las familias que podían adquirir un televisor para esa época. El primer televisor de la calle Canales se encontraba en la residencia #37. Los vecinos, impresionados, se aglomeraban en torno al nuevo invento. Al encenderlo aparecía la imagen de un indio la cual permanecía por horas en la pantalla ya que la transmisión en vivo comenzaba en la tarde. Recuerdo algunos programas de nuestro interés como "El colegio de la alegría" y "La taberna india".

Sin duda, el televisor cambió la unidad familiar en muchos hogares. Se interrumpió el diálogo, comer juntos en el comedor desapareció siendo reemplazado por las famosas novelas.

Estas fueron responsables de la pérdida del buen sazón en las comidas, las habichuelas ahumadas y el arroz pegao. En la calle Canales era simpático ver en las tardes alguien en los techos, moviendo la antena hastatreinta pies de altura, gritando si cogió la señal. A lo que el otro respondía: ¡Sigue que todavía no se ve, sigue!

Don Elpidio y La Iluminación Eléctrica

En las primeras décadas del siglo 20, sólo quienes vivían en el poblado de Jayuya contaban con el servicio de energía eléctrica. En los barrios por el contrario, las personas continuaban empleando lámparas de queroseno, parafina de lienzo o mecha para alumbrarse. Era común encontrarse con hogares de campesinos, iluminados por velas de cera o algunos artefactos hechos por el ingenio local.

Don Elpidio fue un caballero distinguido de estatura sobre el promedio y una gran fortaleza física. Ingeniero de admirable talento que sirvió al pueblo de Jayuya en el suplido eléctrico, en las décadas de 1930 y 1940. Como medio de transporte utilizaba una motora de tres ruedas denominadas "servicar", fabricadas por primera vez en 1932. En la parte posterior contaba con un espacioso baúl o maletero donde acomodaba los equipos requeridos en caso de emergencia. Su dedicación para con su familia permitió que uno de sus hijos obtuviera el grado más alto en el cuerpo dela policía estatal.

Me refiero al comandante Elpidio Regena Cartagena, de gran distinción y un ejemplar amigo. Luego de su servicio ofreciendo manteniendo a la planta eléctrica, Don Elpidio se retiró a su finca de Río Grande, se movió en su automóvil pick up al que le adjudicó el apelativo de pantera por su intenso color azabache.

¡Una luz me alumbraba y venía la brisa y me la apagaba!

- del Cancionero puertorriqueño

LAS PROMESAS

En nuestro pueblo puertorriqueño las promesas han sido una tradición religiosa y popular que han trascendido los años. Es una forma de agradecer y reconocer a algún santo por los favores recibidos. Estos favores pueden ser diversos, desde la curación de una enfermedad, el regreso de la guerra, la solución de una situación difícil, entre otros. A cambio de la petición concedida, la persona hace un compromiso de pagar esta promesa y para ello fija una fecha en el año.

Recuerdo que la planificación del evento era de gran altura. En un lugar estratégico de la casa- comúnmente en la sala- se acomodaba una mesa/altar decorada con flores, fotos y al centro la imagen del santo invocado en la promesa. Las sillas frente al altar eran ocupadas por los cantores que animarían la festividad. Solían cantarse aguinaldos alternados con rezos.

El fin no se limitaba a una actividad religiosa. Se preparaba con anticipación aperitivos, platos típicos y postres, obsequiados a los asistentes como parte de la promesa. Nunca faltó el elixir destilado de mi terruño. De hecho, la ingesta de este inspiraba los mejores versos y rimas lo que evidenciaba la calidad y añejo del mismo. En el barrio Río Grande de mi natal Jayuya, compartí y disfruté de esta tradición, histórica y cultural que poco celebramos en la actualidad.

Avenida Vicens y Calle Catalina Figuera

La Logia Masónica

Durante mi niñez en los años de 1948 al 1952, entre las edades de 7 a 12 años, los chicos de la calle Nemesio R. Canales nos reuníamos frente a la logia. Jugábamos libre al palo, el cual consistía en esconderse y alguien debía encontrar al grupo. Este al lograrlo, tocaba a la persona y ella a su vez debía salir corriendo y tocar la sede —en nuestro caso el escalón de la logia— exclamando ¡libre el palo!, de esta forma te mantenías fuera hasta comenzar de nuevo.

Los martes no nos era permitido jugar allí ya que este día era sagrado para la actividad masónica. Formalmente vestidos con corbatas y chaquetas iban llegando los miembros. Durante los rituales se podía apreciar algunos sonidos como toques de puerta relacionados con actos del más allá. Se creaba una rigidez y algo de espanto en mi persona, vinculado a comentarios sobre lo sobrenatural de los rituales que acontecían internamente en el templo.

Los años venideros me alejaron de compartir y participar en la calle Canales. Los nuevos intereses, me llevaron a nuevos retos olvidando las experiencias de mi pasado.Ya en mi adultez compartiendo con los compañeros del Club de Leones, se me acercó un miembro de la Gran Logia Faro de la montaña. Con gran admiración me notificó la aceptación para participar del compañerismo masónico. Ingresé el 14 de octubre de 1969. Desde entonces, las dudas y miedos que me abrumaban de niño se disiparon y compartí grandes momentos de confraternización.

El Amolador de Cuchillos

Se le identificaba como el afilador o amolador de cuchillos al comerciante que ofrecía sus servicios de afilar o amolar instrumentos de corte a domicilio. El afilador transportaba la rueda de amolar sobre un mueble tosco (un armatoste) y utilizaba en forma mecánica un pedal que accionaba la rueda.

Se anunciaba utilizando un silbato con la capacidad de producir un sonido muy agudo y se situaba frente a los hogares ofreciendo sus servicios. El costo aproximado fluctuaba entre cinco y veinticinco centavos. Su actividad frecuente y cotidiana finalizó en la década de 1950. Este típico personaje pertenece a los forjadores del urbanismo jayuyano.

cuchillo

Rueda de amolar

← El Que recuerdo en Jayuya

←ruedas

Pedal

El amolador de cuchillos

LOS FUNERALES

El motivo de los funerales es despedir a la persona fallecida y a su vez acompañar a su familia en el dolor. Esta ceremonia responde a creencias religiosas de la época, la cultura y en especial la posición social del difunto. Cuando joven, recuerdo que el velorio se realizaba de sol a sol en el hogar del difunto o la morada de un familiar. La familia y allegados se reunían junto al féretro – de madera rústica y algunos provistos por el municipio- y los más corpulentos se deslomaban cargándolo en sus hombros.

Al paso del fallecido los comercios cerraban sus puertas colgando enfrente una cinta negra o corona, significado de respeto. Al final de la avenida Vicens del sector San Felipe se detenía la comitiva fúnebre. Dos condolientes se inspiraban en despidos emocionales acompañados de llanto, era el descanso para luego continuar por el empinado camino de zanjones incómodos y tortuosos hasta llegar al camposanto. En la fosa los presentes dejaban flores naturales manteniendo su frescura desde su recogido.

En la actualidad, trastocado y alterado lo tradicional, dejan el féretro solo después de la medianoche. Sillas, fotos y un velón le acompañan y al despuntar el día la limosina fúnebre se estaciona a recoger un pasajero inmóvil. Comienza el paseo al campo santo donde dejamos morando entre coronas artificiales y algunas flores naturales el cuerpo de nuestro ser querido

Ayer:

¡Carguemos al muerto!

Hoy:

¿Quién carga con lo del muerto?

Repartición de Leche

A diario realizo una rutina de ejercicios muy prácticos y entretenidos. En diversos momentos, recuerdos del pasado llegan a mi memoria induciéndome a escribir sobre el particular. Un día en especial escuché un sonido muy peculiar, alguien en su forma de caminar emitía un sonido similar a un equino utilizado en el reparto de leche en mi pueblo natal. Tenía este tres herraduras solamente, pues su pata trasera -por una condición de nacimiento- no podían herrarla. Al despunte del día, antes de salir a la escuela, pasaba frente a mi casa una yegua blanca con pintas negras llevando a cada costado los envases de hojalata. Al galope producía una rozadura entre el metal que junto a la falta de una herradura provocaba un sonoro tintineo.

A finales de 1940 y comienzos de 1950 la venta y suplido del codiciado lácteo se realizaba a domicilio. Los cuadrúpedos eran vestidos con aparejos a cada lado donde se acomodaban cuatro envases, dos a cada costado. Más tarde, con la llegada del vehículo de motor esto mejoró sustancialmente. Finalizada la actividad de la molienda y la producción de caña, la familia Ortiz Toro se dedicó a la industria lechera. El envase utilizado era de vidrio, idóneo para el consumo del preciado líquido. Las familias realizaban contratos para que se les dejara el producto en sus hogares durante la mañana.

¡Al comienzo dejé claro mi inquietud de retintín!

Calle Canales

Mano - Cunda

Cunda es un vocablo muy poco utilizado en nuestro diario vivir -clarifico- el ciudadano corriente no lo utiliza en el contexto de su significado. El diccionario nos revela su concepto señalando algo que se extiende a muchos lugares. El renombrado programa El Chavo del 8 y El Chapulín Colorado utiliza la expresión "que no cunda el pánico", expresión para llamar a la calma en momentos de preocupación. En un rotativo, encuentro el término cunda y viene a mi memoria el recuerdo de una familia en mis años de juventud.

El conocido "Clodo" lustrando zapatos, "Chequen" el alcohólico disfrutando de la vida y el hermano con el apelativo de "Mano-Cunda"

Recuerdo este animado compueblano desgalitándose en mensajes callejeros durante los tiempos tormentosos y algunos avisos de futuros festejos.

El personaje descrito utilizaba su mano izquierda colocándola entre la boca y la oreja media gacha y mutilada, anunciando un mal tiempo, ya que el radiodifusor era el gran ausente en el poblado. Empleando la fuerza de su vozarrón intimidador gritaba: "La tormenta, la tormenta está cerca, protéjanse."provocando el movimiento de los parroquianos quienes producían estruendosos sonidos al proteger ventanales fijándolas en una pieza de madera. Muy pocos jayuyanos le dieron importancia al significado de Mano- Cunda. La realidad es que extendía un mensaje a todas partes. Lo recordamos como uno de los forjadores de nuestro urbanismo.

Calle Canales

¡Recordar es vivir tiempos pasados!

El 11 de agosto de 1956 un temporal categoría uno azotó a Puerto Rico. Las oficinas del tiempo en Miami le nombran Betsy mientras en Puerto Rico, al estilo criollo se le denomina con el nombre de Santa Clara. En la calle Canales número 37 se refugian distintas familias al paso del temporal. Esto debido a que en esta década se mantenían estructuras de madera muy antiguas, incapaces de resistir las inclemencias del tiempo. Los adultos - no todos- rezaba el rosario y los niños se divertían en calidad de festejo.

Pasado el temporal, los resultados fueron desastrosos. Varias familias quedaron desamparadas al perder sus hogares, la plaza pública de Jayuya - el atractivo principal de la época - sufrió graves daños, entre ellos la pérdida de cuatro árboles frondosos que protegían al compueblano del candentes sol de verano. Años más tarde una arboleda renació en este lugar.

En la actualidad existe un sector de Jayuya ubicado a la salida del pueblo, en dirección al barrio Collores, que lleva el nombre de Santa Clara, en memoria de este temporal. Las familias perjudicadas fueron reubicadas en lo que fue la antigua vaquería y Central azucarera de los Ortiz Toro. Edificaron estructuras sencillas capaces de soportar las condiciones del tiempo.

SANTA CLARA

En el norte le llaman Betsy. En Borinquén, Santa Clara,

La Prima Lillian

La Prima Lilliam

Mis ojos recorrían; un jueves en la mañana; recuerdos de mi niñez. Una foto, cinco niños en un campo hermoso de lirios cala y margaritas. El lugar, Cialitos Altura; en el fondo Los Tres Picachos, testigo de nuestras múltiples aventuras. Tierra donde nuestros ancestros cultivaron espacio y ternura.

Observo la foto; pienso en mi prima Lilliam; en sus detalles. Recuerdo los tiempos de las mandarinas, las observaba. Acariciaba una entre sus manos, lentamente la desmenuzaba, escogía el "gajíto" más pequeño. Lo depositaba en una hoja de lirios calas, era el de la Virgen. Miraba al cielo, esperanzada, extasiada, esperando a la Santísima Virgen descendiera a recoger sus pequeña ofrenda.

De gran sorpresa; ese jueves; la Santísima Virgen descendió a recoger su dulce ofrenda. Esta vez fue el alma de mi prima Lilliam.

Hoy se encuentra en la Floresta Celestial, entre lirios calas y margaritas, recibiendo el mandato de su niñez, mucho más cercano y divino. ¡Lo ha logrado!

¡Que en paz descanse!

El Confesionario

Los confesionarios están localizados en los lados laterales de las iglesias católicas. Son habitaciones donde los sacerdotes escuchan - mediante una rejilla -las confesiones de los penitentes guardando un secreto de confesión. Apareció por primera vez en el Concilio de Trento convocado por el Papa Pablo III entre los años 1542 y 1562.

Luego de haber hecho mi primera comunión, constantemente mi madre me recalcaba la importancia de cumplir con el sacramento de la confesión. Me preparó para este sacramento practicándome en casa haciendo las veces de sacerdote y yo de penitente. En numerosas ocasiones me recalcó que al ubicarme en el confesorio pronunciara "Ave María purísima", a lo que el sacerdote respondería "sin pecado concebida". Llegado el momento de ejecutar lo aprendido, me localicé en el lado correspondiente al penitente expresando lo practicado.

El diálogo comenzó:

Penitente- Ave María purísima

Sacerdote- Hoy es martes y solamente confesamos a los mayores

Penitente- Ave María purísima

Sacerdote- Ya le dije, hoy es martes y no confesamos a los niños

Penitente- Ave María Purísima

En un acto de irritación el sacerdote salió del confesionario, me tomó molesto por un brazo y sacudiéndome me recalcó: "Te he dicho que los niños no los confesamos hoy martes". A lo que yo intimidado respondí: "Ave María Purísima". En retirada regresé a mi hogar acompañado de un temor inexplicable y doloroso. Mi progenitora

¡El temor justifica la poca frecuencia!
¡Le debo a cada santo una misa y una vela!

me preguntó si logré realizar la confesión, pero mis labios solo pudieron balbucear: "Ave, Ave, Ave, Ave María, María, María, Purísima, Purísima, Purísima". Ella muy emocionada me contestó: "Que Dios te bendiga hijo mío". Con el tiempo son contados mis acercamientos a los confesorios. Luego de adulto me temo que ese día estén confesando solamente niños.

COMERCIANTE DE LA ÉPOCA

Natural de Jayuya nació el 7 de abril de 1915. Su infancia se desarrolla en el barrio Río Grande, antiguo barrio de Utuado antes de 1912 conocido por Jayuya Arriba. Forja su personalidad junto a su padrino de confirmación en San Juan, capital de Puerto Rico. Regresó a su pueblo natal en la década del 1930 donde comenzó la actividad comercial e industrial hasta el ocaso de su vida el 10 de agosto de 2010. Mencionaré varios eventos significativos en la trayectoria de Don Lorenzo a quienes cariñosamente sus amigos llamaban Loro.

A mediados de la década del 1930 trabajó en servicio administrativo con la compañía de electricidad, hoy Autoridad de Energía Eléctrica. En el 1939 a petición de sus hermanos Jesús y Felipe se hizo cargo del primer transporte público entre Jayuya y el monte del barrio Mameyes. En 1943 del éxito obtenido en su primera empresa, sus hermanos le proveen asistencia económica estableciendo el primer transporte público entre el pueblo de Jayuya y San Juan la capital de Puerto Rico. La línea terminó sus operaciones en la década del 1970 pues el progreso económico de la industria farmacéutica permitió a los ciudadanos contar con su propio vehículo y moverse a lugares deseados. A finales de la década de los '40 establece la primera agencia de pasajes de líneas aéreas, donde se localizaba la oficina de pasajes en la calle Guillermo Estévez frente al antiguo correo. En la década de los '50 aumentó el flujo de pasajeros entre Estados Unidos y Puerto Rico. Organizó el primer servicio de transporte en el Aeropuerto Internacional hoy aeropuerto internacional Luis Muñoz Marín. El servicio contaba con la disponibilidad de dos vehículos de motor operando 24 horas. En 1957 un contrato con la Ford Motor Company de Ponce permite establecer el primer dealer de carros o concesionario de unidades Ford y Land Rover en Jayuya, ubicado en la actual plaza del Mercado, aledaño a la casa parroquial.

En los años de 1950 a 1970 rentó en diferentes comercios por primera vez las famosas cajas de música o velloneras. Fue un atractivo y pasatiempo de los jayuyanos, compartir la música del momento ya que pocos contaban con un equipo de música en sus hogares. El festival de las Velloneras del 22 de marzo de 2009 fue dedicado a este reconocido comerciante por ser el precursor de este tipo de entretenimiento. Adquirió una propiedad agrícola en el barrio Salientito en 1952 en la cual cultivó café y frutos menores. Lamentablemente la escasez de recursos humanos determinó la venta de la finca en 1975. Sentí un profundo sentimiento por la venta de la finca, pues el lugar fue de gran disfrute en los primeros años de mis hijos Lybia y Jose. Grandes y apreciadas amistades compartieron con sus proles el tanque de agua pura y cristalina, cocinándose entretiempo un asopao de pollo del país acompañado de yautías y guineos verdes sin faltar el destilado.

¡Qué tiempos!

Vertedero o Basurero

La Revolución Industrial fue un periodo histórico del cual surgen grandes transformaciones socioeconómicas, tecnológicas y culturales. Si bien trajo consigo nuevas ideas para facilitar el trabajo del hombre y duplicar su alcance, también es cierto que en nuestros días estamos sufriendo las consecuencias de esos estragos. Tal es el caso de la acumulación de desperdicios y la contaminación del medio ambiente. En Puerto Rico a principio del siglo 20 se establecieron una serie de leyes con el propósito de tener control de los desperdicios sólidos. En el pueblo de Jayuya se comenzó a emplear carretones tirados por caballos, para trasladar la basura de los hogares al vertededero. Estos existieron hasta mediados de la década de 1940. El remplazo fue un camión adquirido de segunda mano, con la capacidad de accionar la plataforma de la parte trasera, levantándose y virtiendo los desperdicios.

Los vertederos se localizaron en diferentes lugares de la municipalidad. El aledaño al puente de Caricaboa se utilizó hasta mediados de la década de 1950 (ver mapa #35). Luego se establece el traslado de la basura detrás de las facilidades deportivas. La pestilencia, conocida por el mosquero, motivó a los vecinos pedir su reubicación. Hasta mediados de la década de los 60 permaneció en el barrio Cialitos Altura, en la propiedad agrícola La nuez moscada, de los Colom Vicens y Pabón Vicens. El recogido de los desperdicios no era tan voluminoso en comparación al comienzo de la década del 1960, pues no era frecuente utilizar utensilios desechables o envases plásticos ya que se empleaban botellas de vidrio. Luego de utilizar su contenido se vendían a precios razonables; un centavo o tres centavos.

De los periódicos El imparcial y El Mundo se vendían en Jayuya unos 30 a 40 ejemplares diarios, adquiridos por las familias más opulentas. Los periódicos viejos eran adquiridos por las personas de escasos recursos para emplearlos como papel higiénico. Era común encontrar en

¡La basura no existe, lo que existe es la dejadez!

el interior de una letrina pedazos de este papel. Algunos comerciantes lo utilizaban para envolver artículos, como por ejemplo el jabón azul de barra. En un censo escolar realizado en 1970, se les preguntaba a los estudiantes la frecuencia con la que compraban periódicos o revistas en sus casas a lo un estudiante contestó: "En mi casa una o dos veces a la semana". El profesor, dudoso lo cuestionó,y el estudiante respondió: "Cuando compran jabón azul de barra para lavar ropa".

Las futuras administraciones lograron optimizar este servicio. En 1969 y 1970 se adquirió un camión con la capacidad de triturar basura al que coloquialmente le llamábamos "el traga basura".

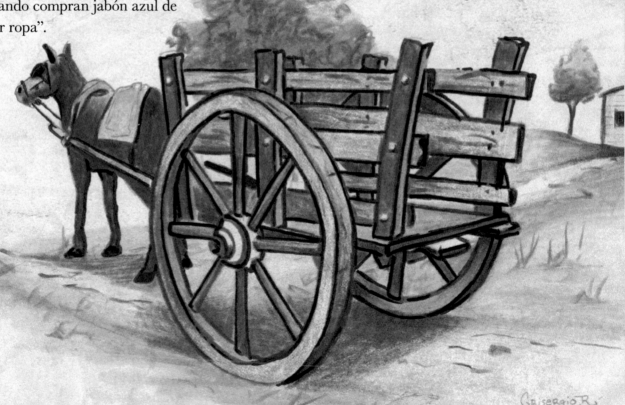

EQQUS CABALLUS

El caballo durante mucho tiempo sirvió como alimento al hombre prehistórico. Luego pasó a emplearse como medio de transporte, en trabajos de campo, cacería e incluso en ocasiones determinó el éxito en alguna guerra. En el poblado de Jayuya a finales de la década de los 40, el recogido de basura se realizaba utilizando un carretón tirado de un caballo con gríngolas. El recogido de desechos recaía en un contrato con la familia Hernández de Caricaboa y el vertedero se localizaba aledaño al puente de Caricaboa. Hasta mediados de la década del 1950 se empleaban equinos en el acarreo de productos ya que no existían caminos secundarios pavimentados. Más tarde, el progreso y la accesibilidad a nuevas rutas fueron reemplazando al caballo por los vehículos de motor. En el puente raso del Río Grandey el Coabey se realizaban ventas y trueques de corceles durante los fines de semana. Era común ver una pasarela de cuadrúpedos mostrando su calidad al paso, trote y postura. En ocasiones los interesados verificaban la dentadura que indicaba su alimentación y condición física. En estos menesteres se distingue la familia Colón -conocidos por Coloncitos- reconocidos criadores de caballos, quienes mostraban las crías a los interesados. Siempre disfruté de la cabalgata y logré convencer al más joven de los Coloncitos para intercambiar una bicicleta "swing majestic" de 1950, por una potranca hija del famoso corcel El Careto, cría de los Ortiz Toro dueños de la antigua central Santa Barbara.

Como no existían veterinarios certificados, unos curanderos se encargaban de tratar con remedios caseros los padecimientos que aquejaban a los caballos. Tal era el caso de la java, inflamación que afecta el paladar y las encías del caballo interfiriendo con su proceso de alimentación. Para tratarla ataban al caballo fuertemente a un árbol o cepo y utilizando cenizas y algún desinfectante como los ajos, a sangre fría le removían la condición. El señor Nieves en el área de Caricaboa era el más solicitado en el tratamiento de esta condición. Hoy día el caballo es empleado mayormente como un deporte y medio de diversión.

¡A caballo regalao no se le mira el colmillo!

La Virgen del Pozo

La prensa El Imparcial y El Mundo, los dos rotativos de mayor circulación en Puerto Rico, del 23 de abril hasta el 25 de mayo de 1953 mantienen a la isla informada sobre un trascendental acontecimiento ocurrido en el barrio Rincón de Sabana Grande. Tres niños comunicaron haber visto una aparición de la Virgen del Rosario. El extraño acontecimiento alarmó a los fervientes, devotos y fanáticos de la virgen en mi ciudad natal de Jayuya. El vocero cotidiano aglutinó a los creyentes quienes organizaron una excursión al lugar antes mencionado.

No tengo preciso conocimiento de la hora y el día de la hazaña de mi familiares, encaminándose a la procesión del barrio Rincón. El tío Balta frecuentaba amistades en Sabana Grande, la familia Jiménez. El lugar se localizaba en un barrio a la salida del pueblo, en dirección a Mayagüez. Allí pernoctamos por varios días. Temprano nos dirigimos al sitio de las apariciones. De camino a podían adquirirse rosarios, agua bendita, pedazos de un árbol o alguna reliquia relacionada con el milagro. Logramos ubicarnos en la parte superior de una colina divisando en su totalidad el escenario de lo acontecido. "El Pozo", la capilla erigida en honor al suceso se podía apreciar significativamente. Intento en ocasiones reconstruir en mi memoria aquel día espectacular, cuando el sol se ocultó, la multitud enloqueció y mis familiares estaban exhaustos. Pude presenciar varios milagros que impactaron, incluso, a las personas más incrédulas. El suceso queda borroso en mi memoria de niño, tenía 11 años.

¡Esperemos el retorno, nos de un ferviente evangelio!

Lago Caonillas

LOS VENTORRILLOS

El ventorro es una casa de comida situada en las afueras de una población o puesto de venta callejero. Adoptamos el nombre de los pobladores españoles haciendo referencia a estos lugares en España, en especial la región de Murcia. El nuestro fue algo compatible con los de la Península Ibérica. El más común localizado en las afueras del poblado, consistía de una puerta principal de entrada, rara vez podía apreciarse una ventana. En su interior un espacio entre el aparador y la entrada sólo permitía tres a cuatro personas de pie. En este mueble se localizaba la balanza -un instrumento para pesar- que registraba un peso mediante la comparación del objeto que se quería pesar.

El mostrador originalmente tenía la función de exponer y mostrar al cliente el producto de interés. Era muy típico encontrar envases de cristal con dulces, granos y arroz y productos como jamón, mortadella, salchichón y tabaco hilao colgando del techo. El lugar -no todos- tenía un olor característico producto de las emanaciones despedidas por los alimentos expuestos, principalmente los embutidos.

El típico ventorrillo fue perdiendo su distinción de "resuelve". Localizados a poca distancia de los poblados permitían adquirir de mediato productos de la canasta básica alimentaria. En algunos lugares se pueden observar parientes de estos negocios a la altura de nuevos requerimientos, también llamados colmados. Con el advenimiento de los grandes supermercados y la comida rápida en la década de los 60 y 70, los ventorrillos fueron perdiendo su propósito. En festejos a la patrona y en festivales locales a las estructuras que facilitan las ventas de comida, bebida y artículos de interés le adjudicamos el nombre de los ventorrillos.

¡Hoy chinchorros o ventorrillos!

Las Lavanderas

Con este título hago referencia a las dedicadas e incansables mujeres quienes empleaban largas horas del día al lavado de la ropa en las orillas del río. En Puerto Rico, gran parte de los poblados se edificaron en torno a estos cuerpos de agua. Viene a mi memoria un recuerdo de mi niñez, el paisaje presentaba al fondo el cerro Los Tres Picachos y en el despeñadero destellaba el Río Grande de Jayuya. Al pasar por el puente raso para montar mi caballo, percibía las siluetas de las lavanderas realizando sus faenas. Solían aprovechar los días de pleno sol para el lavado y secado de la ropa.

Esta se acomodada en monticulos a diestra o siniestra, en frente una laja, un jabón de barra color marrón adornado con filones azules y una paleta de madera. El lavado de ropa se realizaba de la siguiente manera: se colocaba la prenda sobre la piedra o laja fregándola con el jabón, de inmediato se golpeaba la pieza con la paleta logrando un acabado de una textura lustrosa De niño, me conmovía el sonido orquestado del paleteo, ya que si se lograba al unísono, el eco procedente de las montañas regresaba en un fenómeno acústico inexplicable. Esta tarea tenía una remuneración de uno a dos dólares diarios.

Finalizada la década del 1950, con la llegada de las lavadoras a los hogares, era menos común encontrarse con un grupo de lavanderas en las orillas del río. El paso de los años ha borrado la evidencia de su existencia. Con la nueva tecnología la tarea del lavado de ropa pasó de ser uno social y comunitario a una individual.

¡Habla más que una lavandera sin tabaco!
-Dicho pueblerino

La Parguera

Los clubes 4H fueron auspiciados por el departamento de Agricultura y Extensión Agrícola con el fin de motivar a la juventud a interesarse en faenas agrícolas. El requisito para pertenecer exigía poseer un proyecto avícola, porcino, cafetalero, cítrico o relacionado con los postulados de organización. Con gran interés solicité admisión sin embargo no contaba con los requisitos, principalmente por vivir en el pueblo y no poseer las facilidades requeridas. Fue tanta mi obstinación y deseo por formar parte de este club que llegamos a un acuerdo. Mi progenitora, contaba con unas hermosas flores que me permitieron entrar al club bajo el proyecto de jardinería. Fueron muchos los eventos realizados dentro de los clubes 4H. Visitamos innumerables veces la estación experimental entre Hatillo y Camuy. De todos, el más intrigante fue la gira que realizamos a la Parguera en el año 1955. Utilizamos un jeep propiedad del ingeniero Octaviani quien estaba a cargo de la organización y logramos acomodarnos siete personas. Por el camino íbamos entonando cánticos como el popular Alouete, gentille alouete, siendo el viaje más placentero. Llegamos a la Parguera donde existía un pequeño embarcadero con algunos lugares de comida. Los hermanos González tenían un familiar poseedor de una pequeña embarcación dedicada al negocio de pesca y venta. Con antelación solicitamos un paseo alrededor de la bahía. Estando en el bote, uno de nosotros notó que el interior del bote estaba lleno de piedras. Muy curiosos preguntamos al dueño la razón, y este nos indicó que el cargamento era para darle más seguridad a la embarcación y así evitar que se hundiera. Esta noticia nos creó un pánico y como nos encontrábamos a unos 150 metros de distancia de la orilla, nos tiramos al mar hasta llegar al embarcadero. Todos éramos muy buenos nadadores, pulidos en los charcos de Coabey y en los ríos de Jayuya. Al regreso todo el tiempo comentábamos la aventura de un navío lleno de piedras protegiéndola de que no se hundiera.

Al día de hoy siempre pregunto si en realidad eso se justificaba.

Don Pedro el Herrero

Imagen de gaucho sin el atuendo típico. Portaba un sombrero Panamá (jipijapa) deteriorado por el uso; su ala corta no se sostenía mostrando una impresión jocosa. De mediana estatura, espalda ancha evidenciando una leve corcova, extremidades superiores de gran corpulencia y manos bruscas producto de la faena. Barba tupida cubriendo el mentón (tipo candado). Los movimientos rudos y el sudor durante el herraje despegaban la hoja del cigarro, la cual regresaba a su lugar humedeciéndola con saliva. Don Pedro realizaba los herrajes en un ranchón localizado en la cuesta del hospital municipal, hoy calle Mattei, exactamente en la curva (Ver mapa no.36).

El rancho estaba techado con planchas de zinc muy deterioradas fijadas en piezas rústicas de madera. En una esquina en su interior se localizaba el yunque, pieza que permitía darle ajuste y forma a la herradura antes de llevarla a la pezuña. Un panel evidenciaba las herramientas de trabajo: tenazas, legras, escorfina, clavos, martillos, punteros, piezas de forja y las herraduras. Sin asistencia, Don Pedro atendía tres caballos al mismo tiempo. Por su perfección en el trabajo, su fama trascendió los linderos de la municipalidad de Jayuya, recibiendo encomiendas de lugares remotos. Los equinos eran atados en la calle alrededor del ranchón en espera de su turno. Cuando el candente sol azotaba los depósitos de la bosta, las áreas aledañas se impregnaban de una peculiar fragancia. La iglesia no contaba con aire acondicionado por lo que los domingos los feligreses recibían la visita de este aroma, confundiéndose con la santificación del día.

¡Si dos cabalgan en un caballo, uno debe ir detrás!
    -William Shakespeare

Mapa #36

Los Camineros

Los primeros camineros se establecen en España en la ciudad de Ávila el 6 de mayo de 1794. La mayoría vivía con sus familias en lugares conocidos por Las Casillas. Constituían sus obligaciones mantener las carreteras en condiciones de transitar. Se le asignaba un supervisor conocido como el capataz caminero y el título correspondiente a peón caminero.

La existencia del peón caminero comenzó en Puerto Rico en 1844 bajo el mandato del gobernador español Rafael Aristegui Conde de Mirasol. Para realizar este oficio se requería cumplir con algunos requisitos: tener 20 años y no pasar de 40, saber leer y escribir, vestir uniforme, regirse por un reglamento escrito, intervenir a modo de policía cuando un ciudadano ocasionaba daños al área de su responsabilidad (tres kilómetros). Podía tomar acción en caso que se cometiera alguna fechoría o alteración a la paz en su sector.

En el pueblo de Jayuya había una casilla ubicada en el barrio Jauca sector los Muntaner. Innumerables familias de nuestro terruño dedicaron con esmero lealtad mantener en buen estado las carreteras. En la ruta de Jayuya a Ciales se distinguieron los Montijo, los Burgos, los Negrón, bajo la dirección del capataz caminero el señor José Jiménez abuelo de la primera mujer en presidir el colegio de abogados de Puerto Rico. Si en algún momento tu travesía era en esta dirección podías observar esta figura zarandeando un machete y no muy distante una carretilla de recoger escombros, el rastrillo y la horqueta. Las miramelindas escenificaban lo majestuoso del trayecto ofrendando un espacio de tranquilidad al viajero.

La noble institución responsable de mantener en otros tiempos jardines en nuestras vías fue sustituida por equipos modernos. Su existencia culmina a finales de los años 1950.

Fueron ejemplo, orgullo y sacrificio en una época

Calle Canales

FORTUNATA Y JACINTA

Omitiremos a Fortunata y hablaremos de Jacinta y no la de Benito Pérez Galdós. Trascurría el año 1958 en el hogar del amigo José A. Rivera Martínez (Cuco), estábamos presentes Ángel Rivera Martínez (Tolón), su hermano Elmelindo Rivera Toro (Coco), Carlos González (Pipa) y José A. Rivera Colom (Bertin) quienes con mucho entusiasmo organizamos una aventura: escalar los Tres Picachos. Muy de mañana iniciamos el recorrido hacia nuestro destino. En ese tiempo los montes de Jayuya eran lugares infranqueables y la vegetación era muy tupida. Del equipo que llevábamos para nuestra travesía se distinguía un saco de la Segunda Guerra Mundial - al que cariñosamente apodamos Jacinta- equipado con artículos del bien común. Durante la caminata nos alternábamos el saco entre los presentes. Recuerdo el tiempo en que me tocó cargarlo, el peso aumentaba a medida que avanzábamos en la empinada. Ya en el lugar, montamos el campamento utilizando casetas y artefactos militares. Al caer la noche todo era lúgubre y tenebroso. En la inseguridad del lugar, el espanto y el miedo se confundían con los sonidos de las criaturas nocturnas. Finalmente, llegó la calma cuando todos logramos resguardarnos en un solo lugar: la caseta morada. Fue una gran aventura, inolvidable en el recuerdo.

Tropa 96 de los Niños Escuchas

De 1950 a 1960 la tropa 96 bajo el liderato de dos prominentes jayuyanos - Miguel Rivera Zayas y Pedro Morales (Peter) lograron con gran éxito desarrollar una agrupación de niños escuchas. Los logros trascendieron los límites del poblado y aquí mencionaré los eventos más significativos.

Campamento Guajataca y Ramey Field

Incursionamos en estos lugares pernoctando, demostrando nuestro dominio en las áreas de escutismo. Durante una competencia de natación entre tropas de diferentes pueblos de la isla, un miembro de nuestra tropa venció al campeón olímpico de Puerto Rico en braceo en aquel momento. Es inminente reconocerlo por su estilo de nado coabeyano pulido en el río La piedra escrita. Me refiero a Jordi Pierluisi quien admirado grandemente por los lugareños dejó huellas en este evento.

Cerro Puntita y los Tres Picachos

Frecuentábamos estos lugares y en ocasiones acampábamos dos y tres días. Instalados al aire libre, alojados en tiendas de campaña, realizamos actividades relacionadas al escutismo. En estos tiempos no existían las facilidades de hoy día ya que los montes eran lugares infranqueables y la vegetación muy tupida. Nuestra aventura consistía en atravesar estos lugares hasta llegar a la cúspide del cerro.

Desfiles

En paradas y formaciones marchamos ordenadamente por las calles o plazas. Si se conmemoraba algún evento significativo lucíamos con gran dominio el arte de las marchas militares llevando un uniforme distintivos y la insignia. En ocasiones nos reclutaban para participar en ceremonias fuera de la localidad. Recuerdo un reconocimiento que se hizo a un alto jerarca de la Iglesia Católica en la ciudad señorial de Ponce el cual contó con nuestra participación.

El día de la ciudadanía

En este día nos esmerábamos en utilizar el uniforme con gran sutileza ya que ocupábamos el lugar de figuras prominentes en todas las áreas gubernamentales. En 1957 tuve la oportunidad de ocupar el escaño representativo del honorable Mario Canales Torresola distrito Jayuya- Adjuntas. A su vez compartí con el presidente de la cámara honorable Ernesto Ramos Antonini y el presidente del Senado honorable Samuel R Quiñones en un restaurante en el área del Viejo San Juan.

ESCUCHAS SALEN PARA "JAMBOREE"

...nos 145 niños escuchas de diferentes pueblos de Puerto Rico, se disponen a salir en av... ...lley Forge, Virginia, para participar en el "Jamboree" que se celebra allí del 8 al 21 de ...legación boricua que salió el lunes por la noche en tres aviones, es la más numerosa de ...sten de fuera de los Estados Unidos continentales al "Jamboree" en que participan 50,000 ...

Jamboree

El "Jamboree Scout Mundial" es un campamento de niños escuchas provenientes de todo el mundo y tiene lugar cada cuatro años. El primero se celebró en Olimpia, Londres en 1920. La siguiente sede se planificó en Corea del Sur. En 1957 en Valley Forge Penn se celebró este evento donde participaron 52,580 escucha. La delegación más grande de países extranjeros fue la de Puerto Rico, y de este, la de Jayuya. Tres de sus miembros se sintieron grandemente honrados en representar su terruño. Los distinguidos fueron Samuel Suarez Marchand, Fernando Luis Rivera Martínez y José A. Rivera Colom (Bertin).

VENTA DE FUERZA Y MONDONGO
¡Fuerza y mondongo, mondongo y fuerza señores!

En la década de 1940 la venta a domicilio de fuerza y mondongo- las vísceras de los animales vacunos y porcinos- era muy común. El vendedor más reconocido de la comunidad procedía del sector Hoyo frío. No tengo conocimiento de su nombre de pila ya que era natural emplear apelativos para llamar a las personas. Le conocíamos por "el mondonguero" o "vendedor de fuerza". En un sector del Barrio Río Grande a una distancia de un kilómetro del pueblo de Jayuya existía un lugar conocido como el matadero.

Lugar donde animales como vacas, cerdos, cabros y ovejas eran sacrificados para nuestro consumo. Allí nuestro personaje obtenía las vísceras destinadas para la venta. Las recogía y organizaba en unos latones de aproximadamente 10 galones, los preferidos para cargar el agua en los hogares que no contaban con este servicio.

En el río de Río Grande lavaba y clasificaba el producto para la venta. Luego, colgaba los latones en una vara sobre sus hombros. El producto destinado tanto a hogares y negocios, llegaba pasadas las diez de la mañana finalizando en un almuerzo o cena.

Avenida Vicens

La Fonda de Centeno

En nuestra tradición de pueblo la fonda la reconocemos como el lugar donde se despachan comidas y bebidas. Lugar pequeño y de menú cotidiano, atendido por sus dueños y familiares. En algunos lugares el atractivo es el entorno familiar y la atención del propietario con los comensales. En las décadas de 1940 y 1950 la fonda de Centeno estaba ubicaba al finalizar la calle Canales y avenida principal Guillermo Esteves, en dirección al barrio Río Grande (Ver el mapa #75). El indicado gozaba de gran popularidad por su ambiente familiar. De entrada tenía dos puertas, la siniestra albergaba un aparador y un mostrador de golosinas. La diestra te comunicaba con un salón de limitado espacio con mesas rústicas vestidas de manteles, alternándose en colores vivos o tenues. Sillas plegadizas de la época, algunas rústicas, acomodaban aproximadamente veinte comensales.

En la cocina contaban con una puerta adornada con un hueco sobre una pequeña plataforma. Por este espacio, el mesero orientaba a los cocineros sobre las órdenes solicitadas. Dos personas confeccionaban el menú del día, un menú tradicional y alternativo. La cocina despedía olores a sofritos, yerbas y achiote poniendo a delirar al cliente en espera de lo apetecido.

Un menú se ofrecia al estilo y confección de los cocineros: fricasé de gallina, conejo o cabro - en ocasiones especiales-, arroz con pollo, carne de res guisada adornada con papas y no podía faltar La casada (arroz blanco y habichuelas). Complementaban el plato principal huevos fritos, chuletas y bistec y no podia faltar el pan de Don Emiliano Rodríguez, confeccionado con una cinta de hoja de guineos de un extremo a otro.

Los domingos, finalizados los servicios religiosos, familias procedentes de barrios aledaños disfrutaban de estos deliciosos platos, también conocidos como comida casera. El lugar proporcionó un ambiente hogareño de gran camadería. No envidiaba los salones europeos ni el "Maxim's" francés. Si tenías la oportunidad de frecuentarlo podías observar a los comensales expresando su sentir al estilo Barroco de Rembrant. En una esquina se podia observar una recreación viva de la exitosa pintura de Paul Cezane, Los jugadores de cartas. Hoy día no es muy común encontrarse con una fonda de ambiente familiar. Los restaurantes de comida rápida y su comida chatarra han reemplazado la integracion familiar ofreciendo un servicio impersonal.

La Glorieta

Situada en el centro de la plaza pública de mi natal pueblo se hallaba una estructura de forma octagonal, espacio abierto con barandillas ornamentales de tres pies de altura permitiendo apoyarse y proveyendo protección. Fue testigo de innumerables festejos y eventos durante tres décadas. Se caracterizó por ser un lugar de tertulias y juegos juveniles y los que la disfrutamos somos testigos de su significado. Durante las elecciones, políticos de turno la empleaban como tribuna para expresar su compromiso con el pueblo. No obstante, su misión más importante era durante las fiestas patronales de La Monserrate. Los espectáculos artísticos se realizaban en este lugar. Al este se ubicaba la iglesia católica, al norte los kioscos, al oeste el carrusel junto a la silla voladora y los carritos locos. Finalmente, al sur se encontraban las agitadas picas. Parroquianos adinerados lanzaban boletas y monedas a la multitud que se lanzaba en empujones sobre el codiciado premio. Esta glorieta estuvo disponible para el pueblo jayuyano en todas sus actividades, luego dejó de existir a su demolición finalizados los años cincuenta. Esfumándose su existencia, hoy día el modernismo remplazó su ejecutoria. Solo queda el recuerdo de aquellos que la admiraron y disfrutaron.

Enfermos y Trayectos

En lo alto de la municpalidad de Jayuya, en el sector San Felipe, se yergue una construcción con características arquitectónicas del orden griego, especialmente del orden dórico, por la sobriedad de sus columnas. En la parte superior se puede leer el nombre de Catalina Figueras quien lo dejó en su testamento a nuestro pueblo. Comenzó en calidad de hospital municipal en el año 1923 finalizando estos servicios en el año 1966. Se distinguieron innumerables galenos dedicados al bienestar de nuestra salud. El Dr. Mainardi, Dr Pelegrina, Dr. Estarellas, Dr. Deño, Dr. Oscar Rivera y el Dr. Barroso, entre otros. El servicio de ambulancia era muy limitado en sus comienzos. Para transportar un enfermo que requería asistencia de emergencia, sus familiares y vecinos recurrían a inventos propios de su ingenio. Utilizaban una hamaca sujeta a los extremos de una pieza leñosa donde acomodaban al enfermo. Durante el trayecto se requería el reclutamiento de suficiente personal que se alternaba hasta sentir la fatiga. En ocasiones, luego del esfuerzos empleado la travesía culminaba con un deseso inesperado.

Se pueden señalar innumerables servicios médicos prestados en las facilidades de este hospital. Puedo testificar desde mi experiencia, la intervención de amigdalas en el año 1946 a los jóvenes Gabriel Rodríguez Orama y José A. Rivera (Bertin). Un cirujano de nacionalidad cubana contratado por nuestros progenitores Lorenzo y Emiliano logró con éxito la operación. Recuerdo observar por la ventana de la habitación un conglomerado de personas preguntando si todo había salido bien. Luego recibimos la visita de innumerables amistades y familiares quienes con gran júbilo celebraban lo admirable del evento.

¡Si fuimos los únicos no lo sé,
si se realizó otra tampoco lo sé!

La Plaza Pública

Podemos decir que en Puerto Rico las plazas públicas tuvieron su origen con las tribus indígenas. La manera en que se agrupaban estas tribus, formando un círculo y disponiendo de un espacio central, servían para desarrollar funciones de vida comunitaria. Oficialmente, las plazas públicas en Puerto Rico comienzan a construirse luego de la llegada de los españoles. Fueron decretos reales bajo la dominación española. Algunas se desarrollaron al máximo después del cambio de soberanía. La nuestra logra su desarrollo después de 1912 al independizarse de Utuado.

De esta plaza pública guardo muchos recuerdos de los cuales compartiré uno de ellos. Los sábados y domingos al finalizar los servicios religiosos, jóvenes de distintas edades nos aglomerábamos en la plaza luciendo orgullosos atuendos de la época. En las esquinas y los bancos podía apreciarse el cotilleo tradicional. Lo más impactante era la tradicion más observada y esperada de la época: los caballeros caminaban en contra de las manecillas del reloj alrededor de la plaza, mientras las damas se movían a favor de estas. Era el momento y la oportunidad de expresar nuestros sentimientos. Al cruzar con la joven se le entregaba de cortesía una flor o una nota.

Muchos idílios y uniones se lograron en el cruce de miradas y la aceptación del objeto ofrecido. No puedo ocultar las innumerables veces que estuve en mi memorable plaza pública. Estos intercambios despertaron en mis años de juventud la pasión por las feminas.

Lamentablemente la tecnología y el modernismo aceleran el proceso en las relaciones.

La Tormentera

Entre los años del 1928 al 1998 se registraron en Puerto Rico siete huracanes que afectaron la isla significativamente. En el siglo 18 y 19, el campesinado utilizaba su ingenio para protegerse de este fenomeno natural, creando lo que ellos llamaban "la tormentera". Se construía una estructura de dimensiones muy limitadas para albergar una familia (aproximadamente 5 pies de ancho y 10 de largo). Esta se situaba aledaña a la vivienda principal con el propósito de utilizarla durante el tiempo de amenaza de huracanes. Estaba constituida por un techo de dos aguas, una sola entrada y el piso de tierra. Se abastecía de agua y algunos comestibles necesarios para pasar el fenómeno. Al igual que otras estructuras -como el típico ventorrillo- las tormenteras desaparecieron frente a un urbanismo modernizado, y las facilidades para relocalizar a las personas en lugares más seguros: los albergues.

¡Hay "norte", pa' la tormentera!

LAS DELICIAS

En la ruta número 533 del pueblo de Jayuya a Ciales se localiza un riachuelo proveniente de lo alto de los Tres Picachos (segundo cerro más alto de Puerto Rico) llamado Las Delicias. Su atractivo se debe a que es un lugar placentero frecuentado por innumerables familias. Muestra altivamente dos charcos, brotando de cada uno de ellos unas cascadas semejantes a un paraíso celestial. A diestra y siniestra le circunda un espectáculo floral: yautías, palmeras, cafetos, palmas, guabas y pomarrosas. A esto se les une la fauna local con sus cánticos melodiosos.

En el fondo del manantial pudían apreciarse los crustáceos -localmente conocidos por bruquenas, guábaras y el coyunto- los cuales eran depositados en una olla azotada por el fuego leñoso y finalizando en un apetitoso asopao. Innumerables compueblanos frecuentaban el lugar en camadería, aportando lo necesario para el disfrute de una estadía de gran deleite. La prole, tiritando, se divertía en el manantial a temparaturas debajo de lo acostumbrado en zonas tropicales. Hoy ya adultos, al pasar por el lugar, no pueden negar las mojadas y chapuzones de su infancia. El recuerdo es una relación de identidad con nuestro patrimonio.

¡Continuará
en nuestras
memorias!

Maria de Lucas

Madre de gran espíritu y bondad. Recolectora de café uva, de cabello ondulado y piel curtida por las faenas agrícolas. Sus ojeras evidenciaban su agotamiento físico. Sus quehaceres comenzaban a las cuatro de la mañana cuando, dejando en orden su hogar emprendía una caminata de cinco kilómetros del barrio Ciàlitos Altura -sector Nuez Moscada- hasta el pueblo de Jayuya.

A las siete de la mañana comenzaban sus labores en la residencia de los Rivera-Colom, en la calle Canales #37. Su calor maternal le permitía encargarse con dedicación del único hijo del matrimonio. Era su responsabilidad preparar todo el atuendo escolar y confeccionar un desayuno que solía estar lleno de ternura y esmero. Ya vestido y alimentado despedía al muchacho en la escalera de la residencia. Desde allí velaba que llegara sin ningún impedimento a los portones de la escuela elemental Catalina Figueras, frente a la plaza pública. Dedicaba toda la mañana a la limpieza y lavado de la ropa, organizando todo en su lugar. Luego se detenía a las diez de la mañana para comenzar la confección del almuerzo, sirviendo una mesa para cuatro comensales: el matrimonio, el niño y ella. A las dos de la tarde realizaba el último repaso regresando a su hogar para finalizar las responsabilidades dejadas en la mañana.

Esta es la historia de las madres de lactancia y cuna empleadas en Puerto Rico para alimentar a los niños cuyas madres no contaban con suficiente leche materna. Fueron parte de nuestra crianza. Esmeradas por el sustento de su hogar y cubrir las necesidades de otros.

Calle Guillermo Estevez

Aguachuca

En tiempos donde los equipos de alta tecnología para arar la tierra eran aún desconocidos, en Puerto Rico se empleaba lo que se conocía como "yunta de bueyes". Un yugo se acomodaba sobre la cabeza de los taurinos, quienes con fuerza movían el arado surcando la gleba y dejando el terreno listo para la siembra. Tanto en lugares llanos como en pendientes este tipo de faena empleaba un personal muy diestro, por lo general contratado por agricultores que requerían este tipo de labranza. En el pueblo de Jayuya existía una persona encargada de estos menesteres a quien lo apodaban "Aguachuca" ya que antes de comenzar sus labores solicitaba tomar agua con azúcar ("aguachuca"). Se distinguía entre los demás por su tez bronceada por el azote del sol, cuerpo fornido, de estatura sobre el promedio, brazos musculosos y manos cuarteadas por el uso y manejo de la garrocha . Con gran destreza azuzaba a los toros emitiendo un sonido parecido al que respondían los enyugados, moviéndose al unísono tras la disciplina del timonero. Al transitar desde el pueblo de Jayuya hacia el barrio Collores, podía observarse durante el transcurso del camino los movimientos de una trilogía. Esta originaba a su paso una estela hondonada en espera del fertilizante y la semilla; futuro de la existencia.

¡Me tienes la garrocha encima!

Avenida Vicens y Calle Catalina Figuera

Compras en Navidad

El artículo "Cuando las compras se hacían en González Padín y Farmacia Moscoso" publicado el 26 de noviembre del 2013 en uno de los diarios de Puerto Rico, regresa a mi memoria mi experiencia en estos comercios los cuales cesaron sus actividades transcurriendo los años de 1985 y 1995. En la época navideña, la tradición de mi progenitora era visitar el establecimiento de González Padín. Este se ubicaba frente a la Plaza pública del viejo San Juan, al otro extremo de la actual alcaldía municipal. El tradicional espectáculo de arreglos navideños vistos a través de las vitrinas y el usual alumbrado de luces estáticas y coloridas, atraía la atención de los transeúntes. El más espectacular era Santa Claus junto a sus duendes confeccionando los juguetes. El montaje era muy simple, las rígidas siluetas movían únicamente algunas de sus extremidades. Santa Claus en su acostumbrado saludo moviendo su mano izquierda y los renos con orgullo zarandeando su rabo, ponían a volar nuestra imaginación de niños. Saciada nuestra curiosidad, incursionábamos en el interior de la tienda. Allí escogíamos la vestimenta que luciríamos el próximo año y señalábamos los juguetes que anhelábamos recibir el día de Reyes, ignorando la complicidad de nuestros padres. Este tradicional festejo muy pocos podían disfrutarlo pues para la época, el costo del transporte era prohibitivo para muchas familias que vivían retiradas de la capital.

Finalizadas las encomiendas nos dirigíamos al renombrado restaurante La Mayorquina, donde el páter familia, nos esperaba con un suculento almuerzo estilo Islas Baleares. De regreso a Jayuya, yo no dejaba pasar la ocasión de fungir como embajador de la Navidad, compartiendo mis experiencias y ensalzando las aventuras capitalinas propias de las festividades más importantes del cristianismo.

APELATIVOS JAYUYAYOS

En el siglo pasado, la situación económica, social y profesional de una persona influenciaba en los títulos que esta recibía. En Jayuya, por ejemplo, al encargado de la enseñanza escolar se le reconocía en dos categorías: 1) Aquel que impartía las enseñanzas en el nivel intermedio y superior se le reconocía como Mr. (míster) o Mrs (misis) como decíamos los niños. Mientras que el destinado a impartir sus enseñanzas en el campo se le conocía como el "Maestrito de campo". Por otro lado a quien se dedicaba a distribuir bienes y servicios se le daba el título de Don. Al referirse a la tienda de Don Fulano, esto significaba que la persona contaba con poder económico. Mientras que a quienes no gozaban de la misma riqueza se les conocía por ventorrilleros o vianderos.

Al identificar un agricultor precedido por Don significaba que era el propietario de una hacienda o finca. Al propietario de un pequeño predio de terreno se le conocía por sobrenombres despectivos como perencejo el montuno, el de la loma del viento, el jíbaro del sector el sauco, fulano el parcelero y en ocasiones el que se come la ropa vieja. Finalizados los años 50 entran en escena los nuevos Barones de la industria farmacéutica. Los emergentes señores de la nueva actividad económica empañaron los significados de la distinción prevaleciente. Al pasar uno de ellos podía escucharse: "Ese es Mr. León el supervisor o gerente de la fábrica". Entre muros y alrededores la empresa Baxter Trabenol movía su actividad. Por los altavoces se escuchaba:"Sr. Bertin Rivera, Sr. Bindo González y Sr. Edwin Santiago, favor llamar a la extensión 3020 urgente, y pasar por el departamento de moldeo y extrusión".

A una edad menor a los 18 años mi mamá me obligaba decirle don a las personas mayores de 40 años por educación. Hoy a los 70 años no le permito a nadie que me diga don si es envejeciéndome más.

EL CIRCO

Al recordar mis años de infancia y las maneras en que nos divertíamos los niños y se recreaban los adultos, traigo a mi memoria las visitas ocasionales del circo de Los Hermanos Marcos al pueblo de Jayuya en la década de 1940. Su típico estilo compuesto por la tradicional carpa, podía albergar aproximadamente ciento cincuenta espectadores. Los niños se embelesaban al ver la procesión de artistas anunciando que la carpa había llegado al pueblo. Entre sus espectáculos tradicionales se distinguía una leona, que a pesar de su decadencia física era la gala del espectáculo. La fortaleza de su jaula no permitía retener un canario y su rugido se asemejaba al cántico de un plumado.

En el ámbito local considero necesario mencionar al más típico y original circo familiar situado en un callejón del sector San Felipe, entre dos residencias pertenecientes a los progenitores de quienes animaban la función. Un vocero se desgañitaba reclamando auditorio, reseñando el acontecimiento próximo a comenzar. En la boletería, un titular te detenía reclamando tu aportación. Se intercambiaban objetos de valor como botellas de cristal, monedas de uso legal, entre otros, a cambio de una entrada al tan esperado acontecimiento.

El circo comenzaba con las presentaciones tradicionales de acróbatas simulados y cómicos payasos quienes llenaban de humor el ambiente manteniendo nuestros ánimos. La presentación más esperada era la de la bailarina de tez morena y pícara mirada quien bailaba al son de instrumentos de percusión creados con latas, latones, panderetas y otros artefactos que emitían sonidos discordantes. Algo lamentable ocurrió en una de las funciones ocasionando el descontento de los presentes. Un día, la tan aclamada bailarina no pudo presentarse a la función. Los espectadores, excitados, reclamaban su aparición o la devolución del dinero pagado. La imaginación de los propietarios no se hizo esperar y optaron por vestir al menor de la casa con la indumentaria de la bailarina. Fue tal la indignación de la muchedumbre, que su interés por el circo fue disminuyendo hasta que este atractivo solo quedó en el recuerdo de nuestra niñez.

ITINERARIO CAMPESTRE

Innumerables recuerdos evidencian las gratas experiencias vividas en la hacienda La Nuez moscada de Cialitos altura,la cual perteneció a mis abuelos maternos. Antes de asomarse el sol, una orquesta natural comienza su rutina. Los cuadrúpedos entonaban sus bramidos acompañado de los rumiantes, junto al relincho y el rebuznar del asno. Las aves de corral emitían su cloqueo, las palomas su gorjeo, el graznido del ganso y en la copa de los plantíos los trinos esparcen su melodía en acordes musicales. La insigne figura del gallo en lo alto de un árbol con su cuclillo matinal, conduce el agrupamiento desde su perspectiva de director. El cerro era el lugar de agrupar el ganado vacuno. Mejías era el encargado de seleccionar el ordeño y comenzaba la tarea sentado en una banqueta zarandeando la teta de la vaca. En el ordeño nos acercamos reclamando prueba del lácteo, y Mejías activa la salida de la leche en dirección a nuestra cavidad bucal, logrando no se perdiera ni pizca de nutritivo líquido. Recorríamos lo cercados y siembras, al escuchar el cloqueo de las gallinas sabíamos que era el momento de recoger algún huevo. Quien encontraba uno regresaba la casona haciendo alardes de conquistador. En ocasiones no llegaron a su destino pues se consumían en su natural estado.

` Con las hortalizas las maldades no se hacían esperar. Desenterrábamos algunas zanahorias cortando la médula y regresando la hoja a su lugar. ¡Imagina a la abuela María en su recorrido matinal!, pensaba que algún roedor había disfrutado el codiciado fruto. Los riachuelos albergaban crustáceos a los que llamábamos guábaras, buruquemas y camarones. Las aventuras y pesca se disfrutaban junto a las zambullidas para luego terminar en un suculento asopao. En las tardes se reúnen vecinos del lugar del cruce Cialitos Jayuya y comienzan las historias de ultratumba y los azoros imperando la figura del ahorcado. Al finalizar la noche, los menores pedíamos la protección de los adultos quienes permanecían en nuestros aposentos en señal de seguridad. Un espacio plazoleta conocido por glacil dedicado el secado de café, nos permitía llevar a cabo los juegos infantiles como Mambrú se fue a la Guerra, Gallina Ciega, La Cebollita, el Juego de Pelota y Matarile Rile Ron.

Consistía en llenar un calcetín o media con trozos de tela, apagar la luz y quien poseyera la media debía buscar en la oscuridad una víctima a quien golpeaba para librarse de la media. El que recibe el cantazo retiene la media y continúa la búsqueda de otra víctima repitiendo el proceso. El juego era muy divertido hasta ocurrió algo inesperado. El tío mayor estaba durmiendo en un cuarto y nosotros

no nos percatamos de su presencia. En algún momento sin darnos cuenta actuó como si fuera uno de los jugadores logrando retener la media. Muy molesto pues nuestra algarabía no le permitía dormir, rellenó el calcetín con algo sólido y lo entregó a uno de nosotros. El próximo que recibió el golpe terminó con una hinchazón en el lado frontal derecho. A los gritos, despertaron los adultos de los cuartos contiguos y se decretó el final de esta distracción, muy lamentable pues era uno de nuestros favoritos.

En nuestra visita al campo, disfrutábamos del paseo en la parte trasera de los camiones. Estos estaban formados de piezas transversales de metal sosteniendo paneles de madera laterales En momentos propicios se habilitaban bancos y entonábamos cánticos siguiendo la preferencia de los adultos. Nos deteníamos frente a un típico ventorrillo donde adquiríamos golosinas como paletas, pilones, marrallos, alfeñiques y gofio.

Las Viandas Tienen Jerarquía

El periódico el vocero del 11 de febrero de 2017 abunda en una medida para rescatar la industria de los farináceos, frente a una situación económica que está afectando al consumidor y al productor. En este relato hablaré particularmente de la venta de frutas verduras y tubérculos. En mis años de infancia recuerdo que cada establecimiento de venta tenía su reconocimiento de acuerdo al tamaño y limpieza del local y la calidad de los productos. El viandero por ejemplo, era reconocido por tener una propiedad o puesto desorganizado, mayormente ambulante. Eran estructuras de pequeña dimensión o casucha con frecuencia deterioradas y de poco mantenimiento. Se encontraban localizados en diferentes lugares del poblado, alejados de otros comercios. El verdulero por su parte, aunque cuenta con una estructura similar al viandero, mi experiencia es que estos daban mayor atención en la presentación del producto. Y finalmente estaban los puestos de verdura los cuales eran organizados, con una excelente presentación del producto en el tendedero y fresco del día. En ocasiones se ubicaban en locales rentados y colindantes al comercio principal.

Observar estos detalles en las ventas de verduras es significativo. Recuerdo el acto de seleccionar los productos y a su vez intimar con el comerciante, experiencia de la cual nos privamos en los supermercados.

**Recuerdo unos versos de
mi infancia que decían:**

Yo tuve una gran disputa

con un pichón de yautía

se fueron en contra mía

siete quintales de yuca

yo fui el que le dio muerte

al plátano verde asao

**Relataremos sus diferencias en un coloquio
recordando los años de 1940 y 1950:**

*Comadre: Conseguí unos plátanos en el viandero,
no son de buena calidad están medios morao' no pasan
de ayer.*

Magda: Nunca compro en el viandero, to' llega podrío

(Al día siguiente)

*Comadre: Conseguí yautía morá a buen precio. Son
regulares se dejan comel con bacalao y cebolla y un
chinchín de pique.*

Magda: Lo pensaré veré son pasables

(Días después)

*Comadre: Conseguí ñame florido del país.
No está jojoto , es fresco en el puesto de verduras.*

*Magda: Pa'lla voy enseguida deja terminar
el desayuno y el frega'o antes que lo liquiden.*

Mi Caballo de Palo

Mi caballo de palo no contaba con reglas, estilos ni jueces. Fue producto de una artesanía en los salones de artes industriales de 1940- 1955. Utilizaban una herramienta de corte- el serrucho- y la escorfina o lima para dar forma a los bordes. El cincel daba un acabado a la silueta de la cara de un caballo el cual se unía a una montura formada por un pedazo de madera cilíndrico similar a la escoba de 36 a 50 pulgadas. La medida la determinaba la estatura del jinete. En aquella época muchos hogares de limitados recursos no lograban adquirir juguetes para regalar el día de reyes.

El caballo de palo, construido en los salones de artes industriales, era destinado a los infantes de estas moradas. El día de reyes una intensa fila se acomodaba en el frente del edificio municipal. Era increíble ver la algarabía de los niños al recibir el regalo de navidad. Recuerdo una cabalgata juvenil de caballos de palo, emitiendo relinchos y jocosos pasos al trote que se detenían en la plaza pública. Al desmontarse lo amarraban en algún lugar preferido, dando paso a un coloquio del oeste simulando a los Buck Rogers, los Tim McCoy y los Gene Autry. Al finalizar la tarde, emprendían el regreso a sus hogares al galope.

El articulo en Primera Hora del 12 de mayo de 2017, señala a Finlandia como uno de los países con uno de los ingresos per capita más altos del mundo. Allí la equitación con los caballos de madera cuenta con un reglamento, estilos y jueces, siendo reconocido como un deporte muy preferido de la juventud.

Mapa #76

Soñé que mi caballo de palo era digno de ganar competencias. Fue moldeado con ternura y dedicación de manos diligentes encomendados a mis compatriotas. Los de hoy son producto de una tecnología impersonal, fría y comercial.

Mi caballo de palo el jinete es el relincho

Mi caballo de palo el jinete es el paso

MI caballo de palo el jinete es el trote

Mi caballo de palo borda las aceras

Mi caballo de palo es dócil, humilde y tranquilo

Mi caballo de palo no tenía descanso

Mi caballo de palo no comí en pesebre

Mi caballo de palo no dormía en establos.

Mi caballo de palo fue tradición,

orgullo y diversión de una época.

Don Juan Ramón Jimenez tiene a Platero
Abelardo Diaz Alfaro tiene al Josco
Y yo tengo a mi caballo de palo